GONZALO SANABRIA ANZOLA

Comentario Bíblico:

1, 2, 3 de Juan, y Judas.

Un estudio cristiano que alimenta nuestra fe en Jesucristo el Señor.

Te invitamos a visitar nuestro sitio web:
Estudiosysermones.com

Te invitamos a adquirir otros libros del autor Gonzalo Sanabria (en Amazon):

Tomo 1. Palabras que transforman el corazón, 55 sermones para predicar.

Sermones para predicar, tomos 2, 3, 4, 5 y 6.

75 Sermones para estudiar y predicar.

Bosquejos y sermones para predicar.

Puedes conocer más de 90 libros publicados por el mismo autor en: **Gonzalo Sanabria Amazon.com**

DEDICATORIA

Dedico este libro a mi buen Dios, por Su amor y paciencia conmigo. A Jesucristo mi salvador y maestro y al Espíritu Santo bendito Consolador. A mi linda esposa Andrea regalo de Dios y a mi hijo Daniel.

AGRADECIMIENTOS

A mi familia, a la iglesia que Dios me permite pastorear (por su apoyo y oraciones), a todos los que leen nuestras publicaciones, y por supuesto a Dios, quien me da la fuerza y la capacidad para escribir y desarrollar el llamado que me ha hecho.

Contenido

El estudio de éstas cartas es muy importante no sólo por el privilegio de estudiar la Biblia, sino para fortalecer la fe y alimentar nuestro espíritu, además de conocer mucho más el mundo de aquella época y comprender la lucha, oposición y conflictos de los primeros cristianos.

Dentro de aquel marco comprender el amor de aquellos cristianos del primer siglo por Jesucristo, la fuerza que aquel amor les daba y cómo los llevaba a perseverar ante todo obstáculo. La ayuda y protección de Dios en medio de todas esas cosas es sin duda, una poderosa evidencia del maravilloso y tierno cuidado de Dios por sus hijos.

Este texto contiene notas históricas, geográficas, culturales, el significado de palabras claves en el texto, entre otros, y por supuesto la aplicación de esas palabras a nuestra vida actual.

Esperamos que este libro sea de edificación para tu vida y para aquellos que te puedan escuchar.

Pastor Lic. Gonzalo Sanabria.

Introducción:

a) Autor: El apóstol Juan.

b) Fecha: Escrita en Éfeso alrededor del año 90.

c) Tema: La verdad y la justicia.

d) Contexto de la carta:

Ciertas personas que ya no estaban en la iglesia sembraban confusión con sus falsas enseñanzas respecto a la seguridad de la salvación y de la vida eterna en Cristo. Enseñaban que Jesús no era el Cristo, y que obedecer sus mandamientos y apartarse del mundo no era necesario para la fe salvadora.

e) Objetivos: Podemos observar dos objetivos en esta carta:

1) Poner al descubierto y rechazar las enseñanzas de error de aquellos falsos maestros.

2) Animar a los creyentes a perseverar en una vida consagrada al Señor y en comunión con él.

f) Contenido general:

1) El Verbo de vida (1:1-4).

2) Comunión con Dios (1:5 - 2:28).

3) Hijos de Dios (2:29 – 3:24).

4) Espíritu de verdad (4:1-6).

5) El amor de Dios (4:7 – 5:3).

6) Promesas de Dios (5:4-20).

g) Características de esta carta:

1) Expone la vida cristiana utilizando términos contrastantes (luz – oscuridad, amor – odio, etc).

2) Es el único escrito del Nuevo Testamento que presenta a Jesús como abogado.

3) Rechazando las herejías presenta la genuina encarnación y pureza de la sangre de Jesús.

CAPÍTULO 1

a) El Verbo de vida. 1 Juan 1:1-4.

El apóstol Juan inicia esta carta como lo hace con el evangelio, es decir destaca a Cristo como el Verbo de vida, quien es Dios eterno, vino a la tierra como hombre, y Juan mismo fue testigo de esto.

Juan como testigo del ministerio sobrenatural del Señor Jesús está en condiciones para enseñar la verdad acerca del Hijo de Dios, era Juan una fuente confiable de la verdad. Aunque nosotros no hemos visto, ni oído ni tocado al Señor Jesús en persona, tenemos hoy día los relatos fieles de los testigos del Nuevo Testamento y por eso podemos confiar en que expresan la verdad acerca del Señor.

Para Juan la comunión con los otros creyentes es fundamental. Expone cuatro fundamentos sobre los cuales debe apoyarse una comunión cristiana genuina:

1) La base primera y vital es la Palabra de Dios.
2) Se requiere unidad sincera y diligente de los cristianos.
3) Debe ser renovada por medio del Espíritu Santo de Dios.
4) La verdadera comunión está sujeta a una relación dinámica y real con Cristo.

b) Condiciones para la comunión. 1 Juan 1:5-10.

Esta La expresión "Dios es luz" nos enseña que él es perfectamente santo y veraz, y que él es quien puede sacarnos de las tinieblas del pecado. La luz también implica verdad y es la luz que expone todo lo que existe bueno y malo. Cuando hay tinieblas lo bueno y lo perverso son similares, es con la luz que podemos notar la diferencia.

El apóstol Juan expone una de las afirmaciones de los falsos maestros: "Que podemos tener comunión con Dios y seguir viviendo en las tinieblas". Juan señala el error de llamarse cristiano y seguir viviendo en maldad e inmoralidad. No es posible amar a Dios y caminar con el pecado al mismo tiempo.

De por sí el pecado genera muerte. El Señor Jesucristo no murió por sus pecados; él no cometió pecado. Más bien en una obra que no es fácil comprender Jesús dio su vida por los pecados que cometimos. Es por eso que cuando entregamos nuestra vida al Señor Jesús y nos identificamos con El, su muerte también llega a ser nuestra, y así como él resucitó del sepulcro, nosotros resucitamos a una nueva vida con él.
Los falsos maestros de aquel entonces no solo negaban que el pecado afectaba la relación con Dios, también decían que no tenían una naturaleza no pecaminosa, y que sin importar lo que ellos hicieran no cometían pecado.

La verdad es que requiere humildad y sinceridad aceptar nuestras debilidades, pues la mayoría de nosotros pretende en cambio mostrar su fortaleza. Pero lo correcto es que no debemos tener temor de revelar nuestros pecados a Dios, él es nuestra ayuda y fortaleza.

La confesión tiene como objetivo librarnos para que podamos disfrutar de la comunión con Jesucristo. Dios permitió que su Hijo Jesús muriera a fin de ofrecernos su perdón. La confesión genuina implica la decisión de apartarse del mal. No confesamos nuestros pecados planeando seguir haciendo lo malo, más bien debemos orar pidiendo fortaleza a Dios para vencer la tentación la próxima vez que venga.

(Nota especial: Sí deseas ser informado de nuestros próximos libros y las promociones gratuitas que ofreceremos, y sí aún no lo has hecho, envíanos tu correo electrónico a: contactolibrosgs@gmail.com . Será para nosotros un gusto que formes parte de nuestros contactos).

CAPÍTULO 2

CRISTO Y LA VOLUNTAD DE DIOS

a) Cristo, nuestro abogado. 1 Juan 2:1-6.

De una manera paternal y afectuosa el apóstol Juan llama a sus lectores "hijitos". Para aquel momento el apóstol está muy anciano, por muchos años ejerció el ministerio y muchos de sus lectores eran hijos espirituales.

Debido al pecado cometido Juan les ofrece confianza. Satanás (el "acusador") demanda la muerte para el pecador, pero el mejor abogado defensor de toda la ceración esta de su lado, Jesucristo es nuestro abogado. Fue él quien sufrió el castigo por usted, y él obtuvo la victoria.

Jesús derramó su sangre por nosotros, y puede presentarse delante de Dios como nuestro mediador e intercesor, pues su muerte en la cruz satisfizo la ira de Dios contra el pecado y pagó con su sangre por ellos. En Cristo somos justificados.

Estamos seguros de ser de Cristo cuando vivimos como Cristo quiere. ¿Y qué quiere Cristo? El apóstol Juan nos dice "que creamos en el nombre de su Hijo Jesucristo, y nos amemos unos a otros". "Andar como él anduvo" o vivir como vivió Cristo implica seguir su ejemplo de total obediencia al Padre celestial y de servir con amor a los demás.

b) Amar es hacer la voluntad de Dios. 1 Juan 2:7-11.

Sin duda la Biblia nos enseña el mandamiento del amor, es un mandamiento nuevo y es antiguo al mismo tiempo. Es antiguo ya que está establecido, por ejemplo en Levítico 19:18 y es nuevo porque el Señor Jesús lo interpretó de una forma nueva: Juan 13:34-35.

En el pueblo de Dios el amor no se expresa solo mediante el respeto; también se expresa a través de la abnegación y el servicio (Juan 15:13). El amor que enseña nuestro Señor Jesús llega incluso a los enemigos (Mateo 5:43-48). El amor es el cimiento para caminar en la luz, pues el rencor no permite el crecimiento espiritual.

El amor de Dios en el cristiano no debe ser un sentimiento o emoción, el amor es una elección. Pues podemos optar por interesarnos en el bienestar de las demás personas y preocuparnos sinceramente por ellas con respeto, haya o no afecto por ellas. Es Dios mismo quien nos ayuda a expresar nuestro amor a nuestro semejantes.

c) El amor de Dios nos lleva a separarnos del mal. 1 Juan 2:12-17.

El apóstol Juan escribe a cristianos de edades diferentes, sus "hijitos" que habían recibido el perdón por medio del Señor Jesús. Los mayores ("padres") eran personas maduras en la fe que perseveraban en una relación constante con Cristo. Los jóvenes habían luchado con las tentaciones del diablo y habían vencido. Los hijitos y las hijitas habían aprendido acerca del Señor Jesucristo y apenas comenzaban su viaje espiritual.

Juan nos enseña también que la mundanalidad comienza en el corazón y se caracteriza por estas tres actitudes, que el apóstol llama:

a) Los deseos de la carne, es decir el afán por la satisfacer los deseos físicos.
b) Los deseos de los ojos (el deseo de poseer y acumular bienes).
c) La vanagloria de la vida (indica la obsesión con el nivel social o la importancia de sí mismo).

Es interesante ver que según la Biblia, la serpiente tentó a Eva (Génesis 3:6), la tentó en estos tres aspectos, así como también el diablo tentó al Señor Jesús en el desierto, esas fueron sus tres armas de ataque (Mateo 4:1-11).

Más bien lo que nos enseña la Biblia es que Dios valora el dominio propio, un espíritu generoso y un servicio humilde. Es posible, como nos lo enseña Jesús, amar a los pecadores y tener tiempo con ellos mientras se conservan los principios y valores del reino de Dios.

Juan enseña la verdad y realidad de que este mundo de maldad y su pecado tendrán fin, todo esto pasará, y por eso nos da ánimo para controlar toda codicia y avaricia, toda conducta desenfrenada y desordenada, para vivir haciendo la voluntad de Dios aquí en la tierra.

d) Cuidado con el espíritu del anticristo. 1 Juan 2:18-23.
Juan nos enseña que durante el último tiempo aparecerán "anticristos", es decir falsos maestros con apariencia de piedad engañan a los miembros débiles. Al final aparecerá el gran anticristo (Apocalipsis 13:19-20 y 20:10).

Es muy importante enseñar la Palabra de Dios con claridad y con perseverancia, de manera que se puedan identificar esos falsos maestros, que "vienen a vosotros con vestidos de ovejas, pero por dentro son lobos rapaces", Mateo 7:15.

Los anticristos no fueron totalmente extraños a la iglesia; un día salieron de ella, pero en realidad no pertenecieron a ella. Juan no dio una razón por la que no permanecieron. Es claro que sus razones para formar parte, al comienzo, fueron equivocadas.

"Pero vosotros tenéis la unción del Santo" puede entenderse como: "Se le ha dado a usted el Espíritu Santo por el Padre y el Hijo". Cuando una persona se entrega a Cristo recibe el Espíritu Santo. Una de las formas en que el Espíritu Santo ayuda al creyente y a la Iglesia es por comunicar la verdad de Jesucristo, por eso es importante pedir al Espíritu Santo que lo guíe cada día.

Como Jesucristo es el Hijo de Dios y el Mesías, negarlo es rechazar la forma en que Dios se reveló al mundo. Una persona que acepta a Cristo como el Hijo de Dios acepta al mismo tiempo a Dios el Padre. Los dos son uno y no se les puede separar.

e) Permanece en la verdad. 1 Juan 2:24-29.

Estos cristianos habían escuchado el evangelio, al parecer de Juan mismo. Sabían que Cristo era el Hijo de Dios, que murió por sus pecados y que resucitó para darles nueva vida, y que regresaría para establecer su Reino en forma completa. Pero ahora estaban siendo tentados para desvirase de aquella verdad.

Infiltrados por los falsos maestros que negaban las doctrinas fundamentales de la fe cristiana algunos de los creyentes estaban en peligro de sucumbir a los argumentos falsos. Juan los anima a aferrarse a la verdad cristiana que escucharon desde el principio de su andar con Cristo.

Nunca debemos abandonar las verdades fundamentales acerca de Cristo. Jesucristo siempre será el Hijo de Dios, y su sacrificio por nuestros pecados es permanente. No hay verdad que pueda contradecir estas enseñanzas bíblicas fundamentales.

Como cristianos tenemos al Espíritu Santo en nosotros ("la unción") para evitar ser engañados. Además, tenemos la Palabra inspirada de Dios, que puede revelar las enseñanzas y dar claridad. Para permanecer en la verdad de Cristo debemos seguir su Palabra y su Santo Espíritu. Cristo vive (permanece) en nosotros por medio del Espíritu Santo, y además nosotros vivimos en Cristo, esa es nuestra fortaleza y seguridad.

La prueba visible de ser cristiano es su conducta recta. Debido a que la verdadera fe siempre produce buenas obras, los que afirman que tienen fe *y* los que viven constantemente de forma recta son verdaderos creyentes. Jesús dijo: "Por sus frutos los conoceréis".

(Te invitamos a leer nuestro libro en Amazon.com: <u>Bosquejos bíblicos listos para predicar</u>).

CAPÍTULO 3

AHORA SOMOS HIJOS DE DIOS

a) Motivos de la pureza. 1 Juan 3:1-3.

Como cristianos tenemos un fundamento esencial y es que Dios nos ama. Ahora somos sus hijos, y es te honor y privilegio nos alienta a vivir como su Hijo Jesús. Ahora somos hijos de Dios y viene un tiempo de plenitud de esta verdad y será en nuestro encuentro con el Señor, en donde seremos semejantes a él.

En la medida en que crecemos como hijos de Dios se manifestaran evidencias como: victoria sobre el pecado y la tentación; amor por las demás personas y confianza en Dios. Por eso concluimos que la vida cristiana es un crecer constante para ser más como Jesús, esta verdad nos lleva a purificarnos, es decir apartarnos de lo inmoral y de aquello que corrompe nuestro ser.

b) Los nacidos de nuevo en Cristo no viven en el pecado. 1 Juan 3:4-9.

Un cristiano que desobedece la palabra de Dios debe arrepentirse y apartarse de lo malo. Una persona que practica el pecado, por el contrario, no siente preocupación por sus acciones, de manera que no confiesa su pecado y por tanto nunca recibe el perdón de Dios. Ésta persona está menospreciando la gracia de Dios y se opone a él.

Cada cristiano tiene ciertas cosas con las que lucha, y por eso en cierto sentido hay tentaciones más fuertes que otras. Esas debilidades dan a al diablo una oportunidad para atacar, por lo que es necesario luchar con nuestros aspectos vulnerables usando las armas de Dios.

Para caminar en victoria es fundamental: Procurar el poder del Espíritu de Dios, renovar nuestra mente, apartarse de las situaciones de tentación y buscar ayuda en la iglesia local como cuerpo de Cristo cuyos miembros se ayudan los unos a los otros.

La Biblia nos dice que "Todo aquel que es nacido de Dios, no practica el pecado", esto quiere decir que el verdadero cristiano no hace del pecado una práctica en su vida. Más bien es una persona que se esfuerza por ganar la victoria sobre la tentación, pues ahora la nueva vida de Dios está en ellos.

c) Quien ha nacido de nuevo tiene como evidencia el amor de Dios. 1 Juan 3:10-18.

Como nos enseña la Biblia Caín mató a su hermano Abel cuando la ofrenda de éste fue aceptada por Dios y no la suya. Llegó a tal grado el enojo y envidia de Caín que cometió homicidio. Cuando decidimos vivir para Dios y hacer su voluntad el mundo nos rechazará, pues nuestro estilo de vida es un mensaje que no es grato para ellos.

Cualquiera que aborrece a otra persona en su corazón está cometiendo homicidio. Por eso la vida cristiana no está basada en palabras o declaraciones, sino en un estilo de vida en la que el amor de Dios en el corazón del cristiano lo hace vivir diferente.

El Señor Jesús nos muestra la mayor evidencia de amor al dar su vida por nosotros. El amor es el que hace que la persona se entregue por otros, y lo hacemos por ejemplo cuando servimos a las otras personas sin esperar recibir recompensa.

El amor que viene de Dios va mucho más allá de las palabras, nos lleva a comprender las necesidades y dificultades del otro, nos lleva a superar sus falencias de carácter y más bien procuramos ser parte de su solución.

d) La fe en Dios y la obediencia son fundamentos esenciales en la oración. 1 Juan 3:19-24.

Algunos que seguramente eran afectados en su conciencia por no poder amar como Dios ama, no debían justificarse, sino más bien acudir a Cristo, pues él conoce nuestras debilidades y necesidad de amor, él es la fuente del amor y por eso llenará nuestro corazón con su amor para hacer su voluntad. Cristo no nos condena porque no podamos amar, él permite que nuestro corazón perciba esa necesidad para que vamos a él.

La sangre de Jesús es más poderosa que toda acusación, entonces podemos acercarnos al Señor con confianza y él concederá nuestra petición respecto al amor, ya que es su voluntad que caminemos en amor.

Creer en el nombre de Jesucristo significa: someternos a su señorío, creer en sus palabras y promesas, creer en él mismo, es fortalecer nuestra unión con él. Vivir para Cristo y en él, significa caminar en amor, en verdad y honestidad. Nuestra conducta testifica que somos de Cristo.

(Te invitamos a conocer todos nuestros libros en Gonzalo Sanabria Amazon.com).

CAPÍTULO 4

EL AMOR DE DIOS

a) Advertencias respecto a los espíritus de mentira. 1 Juan 4:1-6.

Ahora el apóstol Juan nos advierte respecto a los espíritus de mentira y engaño. Por eso no debemos creer todo lo que escuchamos, sino discernir lo que están diciendo. Podemos comprobar sí ese mensaje si viene de Dios o no al compararlo con la palabra del Señor.

También debemos considerar la vida y ministerio del que anuncia el mansaje. Ese mensaje debe ser Cristo céntrico, y debemos recibir en nuestro corazón el testimonio del Espíritu Santo.

Los mensajes que escuchamos debemos mirarlos a la luz de las Sagradas Escrituras para confiar mar si lo enseñado es genuino. Si el mensaje es realmente de Dios, será compatible con las enseñanzas de nuestro Señor Jesucristo.

El espíritu del anticristo promueve lo malo, y su mensaje será aceptado y aprobado por el mundo impío. Pero los que conocemos a nuestro Dios debemos permanecer en su verdad, pues es su palabra la que permanece para siempre. Dios es más poderoso que toda maldad, y por él y con su palabra podemos avanzar y vencer.

Aquellos que enseñan la verdad de la palabra de Dios y viven para él, no serán aplaudidos por el mundo impío. El mundo no quiere escuchar corrección, ni la verdad de Dios que les impide hacer lo malo, así que irán en pos de aquel o aquello que le permita vivir en su maldad. Por todo esto, los falsos maestros son aceptados por el mundo.

b) Dios es amor. 1 Juan 4:7-12.

La Biblia enseña claramente que Dios es la fuente de nuestro amor. El Padre nos amó de tal manera que dio a su Hijo por nosotros. El Señor Jesús es nuestro ejemplo de lo que significa amar, y el Espíritu Santo nos da la capacidad de amar; Él vive en nosotros y nos hace más semejantes a Jesús.

Dios es amor, lamentablemente este mundo ha tergiversado estas palabras y ha dañado nuestra comprensión del amor. Por lo general se piensa que el amor es lo que nos hace sentir bien, aunque se sacrifiquen los principios y la moral. Pero en realidad esto es egoísmo. El amor genuino es como Dios: santo, justo y perfecto.

Como seres humanos creados por Dios tenemos la libertad para elegir, el amor es una decisión y Dios eligió amarnos. Por amor ha hecho todo lo posible para evitar que el mundo se pierda, él desea por su amor compartir la eternidad con nosotros. Su amor es puro, por eso en su presencia no existe lo pecaminoso, ni inmoral, y la sangre de Jesús es la solución a todo esto.

Cuando nos amamos unos a otros, el Dios invisible se revela a los demás, por medio de nosotros, y se perfecciona su amor. Cristo se hace evidente cuando amamos, es decir cuando somos tolerantes, cuando perdonamos, cuando somos pacientes y ayudamos al otro.

Nuestra tarea delante de Dios es amar con fidelidad a las personas que él nos ha dado para amar, sean dos o cien. Si el Señor ve que estamos listos para amar a otros, Él se encargará de traerlos hacia nosotros. Dios nos ayuda a hacer lo que nos pide.

c) El amor nos hace fuertes y evidencia madurez espiritual. 1 Juan 4:13-21.

Cuando llegamos a los pies de Jesucristo recibimos además al Espíritu Santo, y es esa presencia de Dios en nosotros una poderosa prueba de que en realidad somos de él y que por eso podemos amar. La Biblia nos enseña que el día del juicio hace referencia también al día en que estaremos delante del Señor Jesucristo y daremos cuenta de nuestras acciones.

Podemos estar confiados pues con Dios en nosotros a través de Jesucristo, no tenemos motivo para para albergar temor aquel día, porque en Cristo hemos sido librados del castigo y del juicio.

Juan nos enseña que es posible superar nuestros temores al concentrarnos en su inmenso amor por cada uno de nosotros. Es ese amor el que genera paz, seguridad y confianza. Sin duda, la prueba genuina del amor de Dios en nosotros se hace evidente en la manera cómo tratamos a nuestros semejantes, miembros de nuestra familia y los hermanos en la fe.

No hay genuino amor de Dios cuando si somos negligentes al amar a quienes fueron creados a la imagen y semejanza de Dios. El mandamiento y desafío para nosotros es amar como Dios ama.

(Te invitamos a leer nuestro libro en Amazon,com: <u>75 Sermones para estudiar y predicar</u>).

CAPÍTULO 5

EL PODER DE LA FE QUE VENCE

a) La fe que vence al mundo. 1 Juan 5:1-5.

Al nacer de nuevo en Cristo venimos a ser miembros de la familia de Dios, y los cristianos con hermanos nuestros. Debemos tener presente entonces que es Dios el que determina quiénes son los otros miembros de nuestra familia, y no nosotros mismos, y somos llamados por Dios a aceptarlos y a amarlos.

El Señor Jesús nunca nos prometió que obedecerle sería fácil. Más bien nos enseña que la disciplina de servirle no es una carga o molestia para quienes aman a Dios de verdad. Y cuando nuestra carga empieza a ser pesada, debemos acudir a Cristo, pues en él podemos confiar y nos ayudará a perseverar y avanzar en su buena voluntad. La fe en Dios y en el cuidado de Cristo nos fortalece para lograr lo que él mismo ha determinado para nuestra vida.

b) El testimonio del Espíritu Santo. 1 Juan 5:6-12.

Probablemente la expresión "vino mediante agua y sangre" hace referencia al bautismo del Señor Jesús y a su crucifixión. También puede ser una referencia a la composición única de su sangre. Desde comienzos de la era cristiana las falsas enseñanzas atentan y atacan la divinidad y humanidad de Cristo.

Debemos rechazar esas enseñanzas de error, ya que atentan contra nuestra salvación y verdades que enseña la Biblia. Ya que si Jesucristo murió sólo como un hombre, entonces no pudo haber llevado sobre sí los pecados del mundo, y no habría entonces salvación.

La Biblia claramente nos enseña que Jesucristo se hizo hombre y no dejo de ser Dios. Jesucristo es Dios sobre todas las cosas, y participó de carne y sangre (Romanos 9:5 y Hebreos 2:14-15).

La Biblia es enfática: El que cree en el Hijo de Dios tiene vida eterna. La vida eterna se comienza a vivir y disfrutar desde el día que usted cree en Jesucristo. Por la fe en Jesús Dios mismo la da vida eterna.

c) Confianza en la oración. 1 Juan 5:13-17.

Nuestra certeza de la vida eterna está basada en la promesa de Dios que nos ha dado vida eterna por medio de su Hijo Jesucristo. La vida eterna no se basa en sentimientos personales sino en hechos. Es necesario entregar nuestra vida a Jesucristo, aceptándolo como Señor y Salvador. Si es así, usted sabe por mediante la fe que es hijo de Dios.

Cuando hablamos con Dios, no pedimos lo que deseamos, sino que dialogamos con Él acerca de lo que desea para nosotros.

En la medida en que armonizamos nuestras oraciones con su voluntad, Él nos oye; y podemos estar confiados en que nos dará una respuesta positiva.

Seguramente el pecado de muerte que está en la mente de Juan hace referencia a aquellos que habían abandonado la fe en Jesucristo y se habían unido a los "anticristos"; y al rechazar o menospreciar la única forma de salvación en Cristo aquellas personas se estaban poniendo fuera del alcance de sus oraciones.

d) Confianza en el conocimiento de Dios. 1 Juan 5:18-21.

Cuando el cristiano desobedece la ley de Dios debe pedir perdón al Señor, y perseverar en el camino de la fe sirviendo a Dios. Es él quien nos libró del reino de las tinieblas nos guarda del mal. El resto del mundo no tiene esa libertad en Cristo para obedecer a Dios. La Biblia enseña claramente que somos de Dios para obedecerle, o estamos bajo el gobierno de las tinieblas para vivir en maldad.

Lo que creemos y pensamos acerca del Señor Jesucristo es fundamental en nuestra enseñanza, servicio y estilo de vida. El Señor Jesús es Dios y hombre al mismo tiempo. Él descendió para morir por nuestros pecados. Ahora a través de la fe tenemos vida eterna y la capacidad para hacer su voluntad.

(Te invitamos a leer nuestro libro en Amazon.com: Temas cristianos para predicar).

Introducción:

a) Autor: El apóstol Juan.

b) Fecha: Entre los años 85 – 95 d.C.

c) Tema: Seguir la verdad.

d) Trasfondo de la carta:

Juan dirige esta carta a la iglesia ("la señora elegida y sus hijos"). Al igual que las otras epístolas Juan escribió seguramente esta carta desde la ciudad de Efeso. El apóstol se presenta como "el anciano" título honorifico asignado al apóstol Juan debido a su avanzada edad y venerable posición de autoridad.

e) Objetivo:

Advertir a la iglesia elegida que no fuese hospitalaria ni diese su respaldo a los predicadores que propagaban falsas enseñanzas y se alejaban de la verdad de Dios.

f) Contenido general:

1) Saludos (1-3).

2) Encomienda y mandamiento (4-6).

3) Consejos y advertencias (7-11).

4) conclusión (12-13).

El "anciano" es Juan, uno de los doce discípulos del Señor Jesús y escritor del Evangelio según San Juan, tres cartas y el libro de Apocalipsis. Esta carta se escribió poco después de la 1ª de Juan con el propósito de advertir la presencia de los falsos maestros.

La "verdad" es la verdad acerca de nuestro Señor Jesucristo, en oposición a las mentiras y erradas enseñanzas de los falsos maestros.

Nuevamente el amor unos a otros es un tema que se destaca en el Nuevo Testamento. Demostramos el amor cuando aceptamos a las personas, cuando prestas atención al otro, al ayudar y dar a los demás, al servir y negarnos a condenar al otro.

En los tiempos del apóstol Juan los falsos maestros enseñaban que el espíritu era bueno y que la materia era mala; y creían que el Señor Jesús no pudo haber sido Dios y hombre al mismo tiempo.

Juan advirtió en contra de esas falsas enseñanzas, las cuales generan una interpretación de Jesús que no es bíblica. Son peligrosas porque tuercen la verdad y socavan los fundamentos de la fe cristiana.

El apóstol Juan ordena a los cristianos no dar hospitalidad a los falsos maestros. Quiere evitar el apoyo a estas falsas enseñanzas, pues cualquiera que apoya a un falso maestro de alguna manera se hace cómplice de su perversa obra.

Hoy día en el mundo hay muchas falsas enseñanzas y podemos ser tentados a no darles importancia, pero debemos tener en cuenta sus peligros y resistir toda mentira del reino de las tinieblas.

REFLEXIONES DE LA 3ª CARTA DE JUAN.

Introducción:

a) **Autor:** El apóstol Juan.

b) **Fecha:** Entre los años 85 – 95 d.C.

c) **Tema:** Actuar con fidelidad.

d) **Trasfondo de la carta:**

Esta carta se escribe a un anciano llamado Gayo, seguramente desde la ciudad de Efeso. Había muchos maestros y predicadores quienes iban por aldeas y ciudades, Gayo y la iglesia les atendía con diligencia. Lamentablemente había un hombre llamado Diótrefes, quien con arrogancia resistía la autoridad de Juan y se negaba a recibir a los hermanos.

e) **Objetivo:**

Felicitar a Gayo por su hospitalidad y respaldo, y advertir respecto al rebelde Diótrefes.

f) **Contenido general:**

1) Saludos (1).

2) Encomienda a Gayo (2-8).

3) Consejo e instrucciones (9-12).

4) Conclusión (13-15).

Esta carta dirigida a Gayo instruye sobre la necesidad de brindar hospitalidad a los predicadores itinerantes y a otros cristianos. De igual manera les advierte contra un dictador en potencia de la iglesia (Diótrefes).

Gayo fue uno de aquellos a quienes Juan amó profundamente. Seguramente le había brindado su casa y hospitalidad al apóstol en sus viajes. Los predicadores itinerantes dependían de la hospitalidad de los hermanos.

El apóstol Juan estaba preocupado por el bienestar físico y espiritual de Gayo. Esto era un gran contraste con la herejía popular del aquel tiempo que enseñaba la separación de lo espiritual y material y menospreciaba el aspecto físico y natural de la vida. Todavía hoy, muchos caen en esa forma de pensamiento equivocado.

El apóstol Juan dice "mis hijos" pues como resultado de su predicación, él era padre espiritual de muchos cristianos, entre ellos Gayo.

Lo que sabemos de Diótrefes es lo que enseña Juan. Diótrefes quiso controlar la iglesia. Juan denuncia su resistencia a prestar atención a otros líderes espirituales, calumniaba a los líderes del Señor, daba mal ejemplo al negarse a atender a los predicadores del evangelio, y además intentaba expulsar a aquellos que no aceptaban su liderazgo.

Respecto a Demetrio poco sabemos, salvo que seguramente fue el portador de esta carta de Juan para Gayo; y en contraste con el rebelde Diótrefes, Demetrio tenía gran interés y amor por la verdad.

Introducción:

a) **Autor:** Judas.

b) **Fecha:** Escrita entre los años 70 – 80 d.C.

c) **Tema:** Advertencia contra los falsos maestros y sus doctrinas.

d) Trasfondo de la carta:

Judas se presenta como hermano de Jacobo, los dos eran hermanos de Jesús (desde su perspectiva terrenal), ver Marcos 6:3. La epístola se escribe contra los falsos maestros que enseñaban que la salvación por gracia permitía pecar sin ser condenados, además negaban a Jesús como Dios y como hombre. Todo esto traía no sólo confusión sino división a la iglesia.

e) Objetivos:

Advertir a los cristianos acerca de la seria amenaza de los falsos maestros, y exhortar a la iglesia a permanecer firmes y luchar por la fe en Jesucristo el Señor.

f) Contenido general:

1) Saludos (1-2).

2) Razón por la cual se escribió la epístola (3-4).

3) Ejemplos de condenación en el pasado (5-7).

4) Descripción de los falsos maestros (8-16).

5) Exhortación a los verdaderos creyentes (17-23).

6) Bendición (24-25).

1) Saludo y propósito (1-4).

En esta carta Judas trata el tema de la apostasía, es decir cuando los creyentes se apartan de la verdad de Dios y siguen falsas enseñanzas. Esta carta es una advertencia en contra de los falsos maestros, quienes en aquel tiempo se oponían a dos de las verdades esenciales de la fe cristiana: la encarnación de Cristo y el llamado a la ética cristiana.

Judas destaca la importante relación entre la doctrina correcta y la fe verdadera. Por tanto, no debe comprometerse la verdad de Dios en la Biblia, ya que es ésta la que nos da datos ciertos y verídicos acerca del Señor Jesús y de la salvación. La Biblia es inspirada por Dios y nunca se debe cambiar ni alterar.

Debemos cuidarnos hoy día de los falsos maestros que tuercen las enseñanzas de la Biblia para justificar sus propias opiniones, formas de vida o conducta errónea, al final sólo hallaran condenación juicio de Dios.

Era popular en aquel tiempo la falsa enseñanza en la que los cristianos podían hacer todo lo que desearan sin temor al castigo de Dios. Entonces tomaban a la ligera la santidad y la justicia del Señor. Pero en realidad, quienes de verdad tienen fe en Jesucristo la mostrarán mediante su profundo respeto a Dios, viviendo para él.

2) Ejemplos de condenación en el pasado (5-7).

Vemos a Judas mencionar tres ejemplos de rebelión:

Los hijos de Israel, quienes a pesar de ser liberados de la esclavitud egipcia se negaron a confiar en Dios y a entrar en la tierra prometida (Números 14:26-39).

Los ángeles, quienes aunque una vez fueron puros y santos, y disfrutaron la presencia de Dios, cayeron en soberbia y rebelión contra de Dios (2 Pedro 2:4).

Las ciudades de Sodoma y Gomorra, saturadas de pecado a tal grado que Dios decidió quitarlas de la faz de la tierra (Génesis 19:1-29).

De manera que si ellos fueron castigados, entonces el juicio para los falsos maestros será mucho mayor.

Aunque es difícil de aceptar el juicio puede ser el "fuego eterno" así lo enseña la Biblia. Judas hace esa advertencia a todos aquellos los que se rebelan, menosprecian o rechazan a Dios y su gracia en Cristo.

3) Características de los falsos maestros (8-16).

Aquí la expresión "potestades superiores" hace referencia a los ángeles. Entonces así como los hombres de Sodoma insultaron a los ángeles (ver Génesis 19), estos falsos maestros insultan y se burlan de toda autoridad.

El versículo nueve nos enseña que aun el mismo arcángel Miguel es cuidadoso al hablar y respeta los niveles de autoridad. Pero los falsos maestros decían tener un conocimiento especial que les daba autoridad.

Vemos también que Judas expone tres ejemplos de hombres que hicieron segunda sus propios deseos:

<u>Caín</u> quien movido por su envidia y venganza mató a su hermano Abel.
<u>Balaam</u> quien profetizó para obtener dinero no por obediencia a Dios, sino por su avaricia.
<u>Coré</u> quien se rebeló contra los líderes que Dios había puesto, deseando el poder para él mismo.

Judas utiliza estos ejemplos para enseñarnos que son actitudes típicas de los falsos maestros, hablamos de orgullo, egoísmo, desconfianza, avaricia, codicia de poder y menosprecio a la voluntad de Dios y sus autoridades.

Al comienzo de la iglesia la Cena del Señor era precedida de una comida, el objetivo era tener un tiempo especial de confraternidad y preparar el corazón para la comunión. Aquellos falsos maestros eran manchas en aquellas sagradas reuniones.

Estos falsos maestros estaban "dos veces muertos", eran "árboles" inútiles porque no llevaban fruto, no eran genuinos cristianos, y serían desarraigados y quemados como la hierba seca que no sirve para nada. Son diversos y muchos los pasajes que en la Biblia se enseña que el Señor vendrá con sus ángeles para juzgar a la humanidad.

4) Exhortación a los creyentes (17-23).

Judas no fue el primero ni el único apóstol que enseñó sobre los falsos maestros y sus enseñanzas debemos tenerlos presentes.

La expresión "Postrer tiempo" es una frase común que hace referencia al espacio entre la primera y la segunda venida de nuestro Señor Jesucristo, hoy estamos viviendo los últimos tiempos.

El versículo veinte nos invita a "orar en el Espíritu" es decir orar en el poder y dirección del Espíritu Santo. Es una referencia también a la oración en las lenguas del Espíritu, aspecto de la vida cristiana que nos fortalece precisamente para estos últimos tiempos.

Un estilo de vida cristiano se convierte en un testimonio poderoso que salva a las personas del juicio final. Aborrecer "la ropa contaminada por su carne" indica separarse del pecado y de las falsas enseñanzas (no quiere decir aborrecer a las personas). Nuestra actitud frente a las enseñanzas falsas debe ser firme y de absoluto rechazo.

5) Bendición (24-25).

Poderoso es Dios para guardarnos sin caída, y mantenernos dispuestos y perseverando ante la venida del Señor. Vemos que como empezó la carta así termina es decir con una declaración de seguridad. Dios mismo es quien equipa a los creyentes para que no caigan en las trampas de los falsos maestros. Mayor es el que está en nosotros.

Judas alienta a los creyentes a perseverar firmes en la fe y a confiar en las promesas de Dios para su bienestar. Nosotros también hoy día vivimos los últimos tiempos, y más cerca del fin de lo que vivieron los lectores de esta epístola.

Aunque existan muchas falsas enseñanzas a nuestro alrededor, no debemos tener miedo, ni caer en la angustia. Dios es quien nos guarda para que no caigamos y, si permanecemos con él está garantizado que nos llevará a su presencia eternamente con él.

(Te invitamos a leer nuestro libro de 55 sermones para predicar en Amazon.com titulado: Palabras que transforman el corazón).

Esperamos que este libro haya sido de tu agrado.

Te invitamos a suscribirte en nuestro sitio y recibir nuestras publicaciones, en:

ESTUDIOSYSERMONES.COM

Muchas gracias.

Recuerda que puedes adquirir nuestra serie de sermones para predicar en Amazon.com:

"75 SERMONES PARA PREDICAR"

"BOSQUEJOS Y SERMONES DE LA BIBLIA"

"PALABRAS QUE TRANSFORMAN EL CORAZÓN. TOMO 1"

"SERMONES PARA PREDICAR, TOMO 2"

"SERMONES PARA PREDICAR, TOMO 3"

"SERMONES PARA PREDICAR, TOMO 4"

"SERMONES PARA PREDICAR, TOMO 5"

"SERMONES PARA PREDICAR, TOMO 6"

Te presentamos otros libros del autor publicados en Amazon.com:

1) **EL LENGUAJE DEL ESPÍRITU SANTO (Descubre los dones y el poder del Espíritu de Dios).**

¿Qué tanto conocemos al Espíritu Santo? ¿Tenemos una verdadera amistad con él? ¿Cuáles son y cómo funcionan los dones del Espíritu Santo? ¿Qué es la unción y cómo usarla correctamente? ¿Qué es la profecía y como examinarla correctamente? Estas y muchas preguntas más procuramos despejar en éste libro. La realidad del Espíritu Santo y su profundo deseo de comunicarse con el cristiano es una verdad que debe conocer todo hijo de Dios. Te invitamos a adquirirlo en Amazon.com: "EL LENGUAJE DEL ESPÍRITU SANTO".

3) SANIDAD PARA EL ALMA HERIDA:

Una realidad es que el alma ha sido lastimada o afectada a lo largo de la vida con una serie de experiencias traumáticas. Ignorar o no considerar esta verdad hace que muchas enfermedades, miedos y complejos afecten profundamente la vida del ser humano. Este libro es una herramienta o ayuda en éste proceso de sanidad o restauración. El Señor ha preparado para ti lo mejor, y la sanidad del alma es una sus grandes bendiciones. Sanidad, libertad y restauración para el corazón herido son los objetivos de éste libro. Te invitamos a verlo y adquirirlo en Amazon.com: SANIDAD PARA EL ALMA HERIDA.

4) ALIMENTO PARA EL ESPÍRITU (Reflexiones cristianas).

El Señor Jesús nos enseñó: "No sólo de pan vivirá el hombre, sino de toda palabra que sale de la boca de Dios", entonces es vital meditar y estudiar la Palabra de Dios. Cuando dejamos de hacerlo, nuestro espíritu se hace vulnerable y débil ante las tentaciones y obstáculos del diario vivir. Éste libro "Alimento para el espíritu" (Tomo 1) procura ser una herramienta de reflexión y edificación espiritual cristiana en medio de tu vida diaria. Te sugiero leer una reflexión (o capítulo) cada día, acompañada de una oración en la que permitas a Dios obrar en tu corazón. Te invitamos a verlo y adquirirlo en Amazon.com: ALIMENTO PARA EL ESPÍRITU.

5) ¿CÓMO ENFRENTAR Y SUPERAR LAS CRISIS?

Desde la perspectiva cristiana en éste libro se expone la realidad de las crisis, su diversidad, su impacto en nuestra humanidad, las diversas reacciones y por supuesto los principios cristianos para enfrentar y superar dichas circunstancias. Con fundamento cristiano exponemos las diversas maneras y actitudes de patriarcas, profetas, apóstoles y diversas personas ante las situaciones más adversas y cómo su fe en Dios los llevó a grandes victorias. Te invitamos a verlo y adquirirlo en Amazon.com: *¿Cómo enfrentar y superar las crisis?*

6) LOS ÁNGELES QUE SE CONVIRTIERON EN DEMONIOS (Demonología cristiana).

Los demonios o espíritus inmundos no nacieron como demonios, ellos se convirtieron en esa clase de seres. Surgen ante esto muchas preguntas como: ¿Cuándo fue su origen? ¿Cómo eran al principio? ¿Cuáles eran sus actividades? ¿Por qué se convirtieron en demonios? ¿Cómo y por qué dañan a las personas? ¿Cómo defenderse de éstos? ¿Qué enseña la Biblia al respecto? Te invitamos a ver éste libro y adquirirlo en Amazon.com: *Los ángeles que se convirtieron en demonios (Demonología cristiana).*

7) PALABRAS QUE TRANSFORMAN EL CORAZÓN:

El libro contiene 55 sermones o mensajes de inspiración y motivación cristianos para edificación y crecimiento personal y/o de grupos. Están enriquecidos con notas y comentarios de reflexión personal, históricos, culturales, etc, por eso puede tomarse como libro devocional o de reflexión diaria. Los cincuenta y dos mensajes (o sermones) están bosquejados de manera sencilla y fácil de usar. Es una herramienta útil para estudiar, enseñar y predicar la Palabra de Dios. Te invitamos a verlo y adquirirlo en Amazon.com *Palabras que transforman el corazón.*

Recuerda adquirir todos los libros del autor Gonzalo Sanabria en Amazon.com

8) LOS ÁNGELES QUE SE CONVIRTIERON EN DEMONIOS (Demonología cristiana).

Los demonios o espíritus inmundos no nacieron como demonios, ellos se convirtieron en esa clase de seres. Surgen ante esto muchas preguntas como: ¿Cuándo fue su origen? ¿Cómo eran al principio? ¿Cuáles eran sus actividades? ¿Por qué se convirtieron en demonios? ¿Cómo y por qué dañan a las personas? ¿Cómo defenderse de éstos? ¿Qué enseña la Biblia al respecto? Te invitamos a ver éste libro y adquirirlo en: *Los ángeles que se convirtieron en demonios (Demonología cristiana).*

9) PALABRAS QUE TRANSFORMAN EL CORAZÓN:

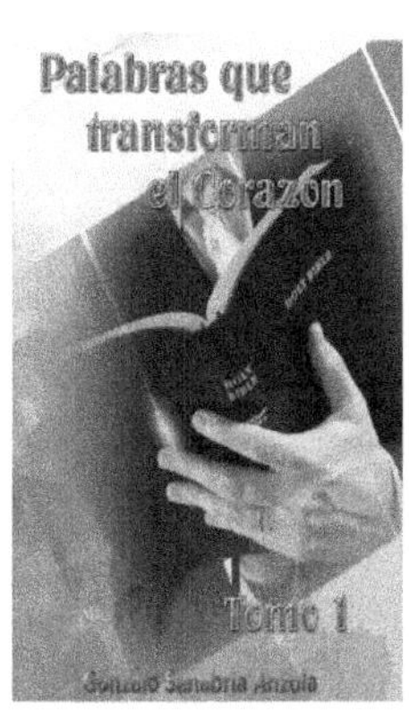

El libro contiene una serie de mensajes de inspiración y motivación cristianos para edificación y crecimiento personal y/o de grupos. Están enriquecidos con notas y comentarios de reflexión personal, históricos, culturales, etc, por eso puede tomarse como libro devocional o de reflexión diaria. Los cincuenta y dos mensajes (o sermones) están bosquejados de manera sencilla y fácil de usar. Es una herramienta útil para estudiar, enseñar y predicar la Palabra de Dios. Te invitamos a verlo y adquirirlo en: *Palabras que transforman el corazón.*

PUEDES VER OTROS LIBROS DEL AUTOR EN:
PÁGINA DE AUTOR EN AMAZON